아버지의 솜사탕

아버지의
솜사탕

ⓒ 권혁모, 2025

초판 1쇄 발행 2025년 7월 17일

지은이	권혁모
펴낸이	이기봉
편집	좋은땅 편집팀
펴낸곳	도서출판 좋은땅
주소	서울특별시 마포구 양화로12길 26 지월드빌딩 (서교동 395-7)
전화	02)374-8616~7
팩스	02)374-8614
이메일	gworldbook@naver.com
홈페이지	www.g-world.co.kr

ISBN 979-11-388-4488-8 (03810)

- 가격은 뒤표지에 있습니다.
- 이 책은 저작권법에 의하여 보호를 받는 저작물이므로 무단 전재와 복제를 금합니다.
- 파본은 구입하신 서점에서 교환해 드립니다.

아버지의 솜사탕

권혁모 시조집

시인의 말

하고 싶은 것이 많았던 지난날을
한달음에 달려왔네.
끝내 손을 놓지 않는 시조라는 그대
어느덧 술 취한 황혼을 마주 보네.
저녁놀 한껏 태우다 갈 뒤안길을 걸으며
숲속 산새 울음 귓가에 와 반짝이네.
별처럼 사랑할 사람
플라네타륨에 띄워 두고
한바탕 한세상을 노래하려네.

2025년 7월 7일
서울 고척우거高尺寓居에서 권 혁 모

차례

시인의 말 … 5

제1부
내 마음의 짱뚱어

가을 산 연가 … 14

망원경 … 15

내 마음의 짱뚱어 … 16

귀소 … 17

지구를 그리며 … 18

꿈 … 19

아카시아 꽃 편지 … 20

새벽길 2 … 21

복수초 … 22

환우患憂 … 23

착시 … 24

추회追懷 2 … 25

미인송美人松 … 26

제2부

신성리 갈대숲

고래의 꿈 - 반구대 암각화 … 28

신성리 갈대숲 … 29

오월 … 30

부여 나성羅城에서 … 31

도화지 - 투즈골 소금호수에서 … 32

철쭉꽃 소백산 … 33

봄 산행 … 34

전라도 길 … 35

11월 … 36

느닷없이 … 37

타히티 여인들 … 38

고흥 바닷가에서 … 39

스톤 염전에서 … 40

제3부

분천역

아버지의 솜사탕 … 42

분천역 … 43

춘삼월과 비 … 44

문풍지 … 45

이별의 부산정거장 … 46

풋 … 47

받침목 … 48

안동버스 … 49

풍등風燈 … 50

가을밤 … 51

흑백사진 … 52

산토닌과 유채밭 … 53

선물 … 54

제4부	보문사에 들다 … 56
무풍한송로	무풍한송로舞風寒松路 … 57
	쟁반탑 … 58
	바람의 초소 - 봉암사에서 … 59
	미혹迷惑 - 선암사에서 … 60
	선암사 해우소 … 61
	운주사 … 62
	견성見性 … 63
	홀딱벗고새 … 64
	봉발탑奉鉢塔 앞에서 … 65
	개목사開目寺에서 … 66
	봉암사 마애불 … 67
	소나기 … 68

제5부

개기월식

마량리 답청踏靑 … 70

개기월식 … 71

너도바람꽃 … 72

항문 … 73

분홍색 … 74

소라 … 75

지네 … 76

가을 강 … 77

3월 … 78

신정산에서 … 79

포구에서 - 벗을 보내며 … 80

고도孤島 … 81

요要 … 82

제6부

첫눈

독법讀法 … 84

반달 … 85

88다방 … 86

첫눈 6 … 87

첫눈 7 … 88

구원 … 89

새 소리 듣기 5 … 90

산수국과 별 … 91

간고등어 사랑 … 92

고등어와 머리핀 … 93

나부裸婦 … 94

그믐달 … 95

포란抱卵 … 96

제7부

달과 소년

쇠똥구리와 똥 … 98

화두 … 99

두견새 … 100

오리온자리 … 101

아카시아꽃 그늘에서 … 102

거미 … 103

태풍 … 104

꽃뱀 탄원 … 105

쌍무지개 뜨는 언덕 … 106

석별 … 107

똥에게 … 108

독도 갈매기 … 109

달과 소년 … 110

시인의 산문 … 111

제1부

내 마음의 짱뚱어

가을 산 연가

나를 훔치다 들킨 속마음이 미쳤다
시인도 부정도 없이 제 속을 못 이겨
한 번만 믿어 보라며 분신을 또 하신다

한때는 그랬으리 낙엽의 베갯모도
미치도록 달치도록 붉게 쓰는 만지장서
말아서 힘껏 던지면 미리내가 흘렀다

펼쳐 보니 일기장이네 너를 건너간 잎새들
보일 듯 보이지 않는 지평선을 흔들며
한 닢 또 사랑이 지면 가벼워서 좋겠다

망원경

이승을 다 지우고 떠나는 날 언제일까
어기영차 불귀 불귀 푸른 비가 내리면
망원경 뒷주머니에 숨겨 가면 안 될까

소백산 천문대에서 행성을 보았듯이
천상에서 비박하며 그리우면 어쩌지
감청색 지구라는 꽃밭 보름달로 뜨겠지

이제 제임스 웹*이 우주 탄생을 찾는데
그까짓 살던 옛집 어딘들 못 찾으랴
첫눈이 수놓은 강변 자작나무 숲길도

곁에 있으면 좋겠네 먼저 떠나신 그대
망원경 꺼내 들고 설명할 수 있다면
아득히 지상의 날을 함께 볼 수 있다면

* 허블우주망원경의 뒤를 이어 우주 탄생의 비밀을 밝힐 다국적 우주망원경

내 마음의 짱뚱어

대부도 혹은 마량포구 머드 해안에 가면
오징어 게임 하듯 집게발로 뛰어다니는
그대여 나도 너처럼 허공을 자맥질한다

두 눈이 튀어나와 슬프다 해야 하나
지웠다 다시 그리는 해무海霧를 불러 놓고
물새들 고운 울음도 색칠하고 싶겠다

어릴 적 일기장엔 짱뚱어가 살고 있다
죽방렴에 갇혀 있는 비린 꿈의 비망록
섬 하나 전설로 앉아 유혹할 것 같다

귀소

이 한 폭 포구 앞에서
나도 한때 그림이었지

풍금 소리 파도 소리
날려 보낸 물새 한 마리

아련히
예 와서 보니
하마 물든 저녁놀

몇 번째 코드를 잡고
반주는 어떻게 넣나

한 줌 쥔 모래알도
손가락 사이 달아나고

리스 차
희미한 후미등
나도 따라가야지

지구를 그리며

우주선 타고 발 딛고 온
그보다 더 먼 하늘길

거기쯤 눌러앉으면
영상통화 가능할까

미나리
향기가 돋는
그 모습이 보일까

지구란 작은 별 하나
마음은 늘 접동새

산꿩이 울다 가고
토째비 반딧불이

나 없는
아카시아꽃
푸지게도 폈으리

꿈

산다는 건 나르키소스
그리움이 피는 수선화

묵묵히 지나온 날
구름 한 차 싣고 와

굽이쳐
휘감은 은혜를
만장 하늘에 쏟는다

젊은 날 그림자를 끌고
산천을 떠돌다가

오직 별 하나 너 하나
포로 교환으로 나누어

금지환金指環
개기일식을
새끼손에 끼운다

아카시아 꽃 편지

잊으라 하기에는 찬란한 흐름일레

해마다 보낸 편지가 일시에 반송되어

상형문 답장을 접어 주렴인 듯 달았다

온갖 것 쏟아 두고 생각해 보라더니

저만치 앞서가는 뒷모습이 너였구나

홀린 듯 아니 홀린 듯 남가일몽 봄이면

새벽길 2

모처럼 아내 깨워 함께 걷는 새벽 올레길
신정산 외진 자락길 꽃잎은 흩날리고
새소리 물감을 찍어 몽유도*를 그린다

"인생은 그런 거라며" 열 살 손녀가 말하던데
허둥대던 오동나무꽃 고개 떨군 것 좀 보아
연보라 너는 또 지고 가는 봄이 숨차다

앞의 색이 뒤의 색을 슬며시 지우듯이
뒤의 색이 앞의 색을 못 잊어 겹치듯이
둘만의 안개꽃 수반 아침상을 받는다

* 조선 세종 때 안견이 그린 몽유도원도夢遊桃源圖

복수초

복수할 것 없는데 복수초 복수초 하니
살얼음 위리안치는 네가 가꾼 형벌인가
깊은 잠 노란 꽃잎이 귀를 세워 듣는다

수없이 걸려 온 걱정의 통화음 너머
"그동안 잘 있었느냐 많이 좋아지셨느냐"
겉으론 아무 탈 없이 봄소식을 들어요

환우患憂

방울방울 소우주가
떼 지어 흘러내리고

열사熱砂의 와디 강 따라
수액이 스며들어

병실 밖
수수꽃다리 봄
손짓하고 있었다

착시

아내와 올레길 가며 눈眼 사진을 찍는다
단정학 해바라기 수전水栓 하늘을 틀어 놓고
가을을 손잡아 보면 파란 물이 들겠다

아내는 저 남자 옷이 어떠냐 자꾸 묻고
나는 아내더러 저 여자를 묻고 있는데
서로가 초점이 달라 모른다는 답이다

자꾸만 뒤돌아보며 착시인가 미련인가
갈수록 멀어진 곳 피사체를 달리하며
다 식은 사랑의 원죄 적외선을 찍는다

추회追懷 2

시절인연이야 어찌 보면
나를 위로한 선문禪問이지

'찹쌀떡~' 바람 소리
겨울밤은 깊었는데

찢어진
문풍지마다
사랑을 오려 붙였다

미인송美人松

한때 누드 앞에서 떨린 손 셔터를 누르며
이보다 더한 아름다움 또 어디 있을까
하늘 밑 봄날이 내린 눈부신 꽃 한 떨기

이따금 산에서 만난 맨살의 뜨거운 탄력
장송을 펼치고도 흔드는 몸짓 하며
조선옷 그마저 벗어 든 너와 달포쯤 살았으면

아직 그녀는 내 의식에 깊이 잠들었고
무작정 대책 없이 새길 열어 가다 서서
혼자만 바라보는 것 솔아 얼마나 좋으리

제2부

신성리 갈대숲

고래의 꿈
- 반구대 암각화

꿈꾸던 화첩을 펼쳐 그리움을 새겼다
거친 숨결 청동기도 쪽빛 물결에 실어 와
대곡리 물가에 두고 수평선으로 떠났다

헤라의 젖줄이 된 미리내 신화를 건너
살아 숨 쉬는 나스카*를 맛보기로 본뜬다면
우리들 머문 자리도 알 수 없는 꽃 그림

그때 그 사람들 모여 우우우 춤을 추며
큰 바다 혹등고래 떼 도깨비로 낚시었던
수만 년 만경창파가 횃불 들고 오신다

* 페루 남부의 평원에 그려진 거대한 동물과 기하학적 형태의 그림들

신성리 갈대숲

철새 떼 울음소리 입영 열차를 타고 간다
강변을 지켜야 할 당당한 어깨를 밟고
가거라 그리운 숲에 젊음을 매복하라

오늘은 줄빳다로 오와 열이 다 맞았네
갈대숲 굵은 힘줄 애꿎은 총대를 매고
금순아 고무신 바꾼 금순아 떼창으로 부른다

기상나팔 그도 놀라 하루해를 장전하고
밥알이 튀어나올 듯 군가를 외치다 보면
눈 맞춘 귀인이 와서 꽃을 두고 가겠지

오월

조팝꽃 희던 손길 엄마 생각 오월아
잠들면 호롱불로 꿈을 덮어 주시더니

온갖 것 엎지르고도
나만 비친 은거울아

아직도 당신에겐 연둣빛 돋는 속잎
숙명인 양 피고 지는 시화호 한끝에 와서

얼룩진
철새 떼 울음
빈 셔터만 누른다

부여 나성羅城에서

황산벌 그날 깃발을 다시 올릴 수 있으려나

안개 속 능산리 고분 텅빈 절터 마당에는

눈웃음 꽃물 들이려 들국화가 왔는데

별자리가 잠을 설쳐 고쳐 앉은 밤이 오면

흰 구름도 가다 서서 사무침의 돌을 얹고

들릴 듯 가을 탄주가 낙엽 한 장을 더한다

도화지
- 투즈쾰 소금호수에서

금모래 은모래 옛길 받아 든 하얀 도화지
나만 여기 홀로 남아 사무치게 그려도 될
점점이 피는 구름꽃 밑그림을 그렸다

꿈결인 듯 생시인 듯 맨발로 내달리며
돌아온 자국자국 맵고 짜던 생채기여
눈물 강 호수가 말라 팔모 밥상을 차렸다

철쭉꽃 소백산

저건 태풍을 모는 숨죽인 유월 전야
새들 다 돌아간 뒤 달 그리메 눈썹 아래
단 한 번 펼치고 떠날 매스게임 연습이다

얼마나 힘주었기 감싸안은 속의 뜨거움
아무도 모르리라 산 아래 사람들은
모두 다 하산한 밤에 가슴은 부풀고

긴박했던 땅 밑에서 작업을 마칠 때면
초유를 길어 올릴 듯 저 팽팽한 시위
누구를 기다리는가 옷고름을 풀었다

봄 산행

온 길도 갈 길도 모르는
산새 들새 목울음아

솔 향기 휘어잡는
팔난봉 봄바람아

산짐승
귀 세운 능선도
하산길만 남았다

여기쯤 올라서 보면
저기쯤 달아나고

그 옛날 같지 않아
꼭꼭 숨은 오솔길아

낮달은
구름바다 위
낚대 놓고 졸구나

전라도 길

길은 옛길이되
낯선 여긴 만 평 하늘

숨은 별들이 변신해
반딧불이 날아든 곳

참 오래
기다렸다는 듯
칸나꽃이 반긴다

이 푸른 산하를 두고
마중물이 될 남남이여

사돈 하자며 손길 주는
솔가지도 닮았거니

서편제
비를 뿌리며
패인 가슴 한을 묻자

11월

두 손 꼭 쥐어짜면
쪽물이 들 것 같고

세월은 반려伴侶 없이도
잘만 가고 있는데

마지막
남은 단풍잎
참회하게 두시게

느닷없이

전생의 알러지인지 환절기 나이 탓인지
느닷없는 재채기에 아카시아꽃 무너지고
그림자 무뚝뚝한 밤이 고요를 휘젓는다

"몇 번인가" 다그치며 놀랐다는 아내더러
나도 깜짝 놀랐다며 내가 나를 몰랐으니
갈수록 게으른 후각을 어찌할까 그대여

비타민 많던 알약은 나만 먹은 게 아닌데
세월은 약 없이도 잘만 달려가는데
심청만 등 뒤에 남아 제우스의 칼을 꽂는다

타히티 여인들

여인들의 나들이였나 원피스 갈아입은
햇살은 어쩌자고 어깨에 손을 얹는가
지워진 백사장 끝에 먼저 와 있네 그대

섬 안에서 섬이 된 황톳빛 저 나신들
단 한 번 감추어 둔 내연의 해안선에
끝없이 부표로 밀려와 수줍은 말 걸더니

빛나는 긴 머릿결 우수로 흘러내리는
크림슨 두툼한 입술 덧칠해도 좋을 비
요염한 눈빛이 되어 물감으로 번진다

고흥 바닷가에서

오천만 송이송이 퍼즐 맞추던 겹꽃 잎
박 덩이 달이 뜨고 뻐꾸기 내려오고
꿈이여 아득한 직립 버선발로 서 있다

굽이마다 젖줄마다 단계연 먹을 갈아
쪽물 푼 바닷길 넘어 뫼비우스로 돌아야 할
우주여 기원을 모아 열 손가락 꼽는다

달빛을 담아 올까 산 노을 곁에 서서
애환의 생채기에 눈을 뜨는 꽃 한 송이
백의의 신화를 지어 하늘길에 오른다

스톤 염전에서

사리를 남기는 건 기적을 믿는다는 것

라일락꽃 네 사랑은 한 잔의 포도주 같아

손가락 찍어 맛보던 까맣게 탄 기다림

바람의 숲길이지 다 식은 가마솥이지

감추며 살아왔던 아드리아해 물보라가

잉크 빛 발바닥으로 목판화를 찍는다

제3부

분천역

아버지의 솜사탕

굵은 힘줄 증기기관차는 아직도 가고 있다
아버지의 고단함이 어둠 속에 얼룩진
철길 옆 오막살이집 밤새 기침을 한다

급수탑은 거룩했네 엄마 가슴 수유하듯
포성砲聲이 재를 넘어 그림자로 따라오는
산마을 등불을 내린 깊고 깊은 그 밤에

기차 굴뚝을 나온 흑장미의 요정이여
석탄 몇 삽을 던져 피어나는 솜사탕을
아이들 고사리손에 하나씩 건네더니

세월의 강은 그렇듯 철길 따라 흐르고
기적 소리가 뚫어 놓은 캄캄한 터널을 지나
백 년은 가야 할 역이 뻐꾹새로 울고 있다

분천역

너도 세 평 나도 세 평
남은 건 몇 평일까

돌 한 점 일수불퇴
금줄 같은 셈법으로

가을 산
타는 울음이
플랫폼에 서 있다

우듬지 세 들어 사는
까치집은 몇 평일까

하늘 반 가진 것보다
풀씨만 한 사랑으로

내 안에
너를 달리는
기적 소리 만 평이지

춘삼월과 비

삼촌을 아버지라 부른 관사골 친구 춘식이
현충일 사이렌 불면 고개 숙인 그 현충탑
그리움 나래짓으로 봄을 건너 오신다

하필이면 삼월에만 봄 춘 자를 붙이는 건
무언가 있는갑다 산천을 적실 눈물
자목련 그대도 함께 슬프고도 기쁜갑다

문풍지

옥색 치마 바람 타고 하늘 멀리 가셨네
거기도 뭉게구름 목화꽃 청산인가
하르르
아기별 피는
어디쯤에 계신가

눈감으면 산도깨비 마중 나와 춤을 추고
구절초 수를 놓아 산천을 물들이면
당신도
나처럼 우는
가을바람 문풍지

이별의 부산정거장

봄도 예지랑 봄날 술상을 두드리는 비
하릴없이 살다 보면 새벽닭 울 것 같은
무성음
요지경을 돌리며
하마 멀리 왔구나

술안주 한 접시만 더 시키지 않았으면
이별의 부산정거장은 거기 없었을 테지
손수건
흔들던 사연
그 바다도 없겠지

풋

시는 감동이며 음악은 감흥인가
머리 위 살몃 없은 고인돌 형상을 보게
인생은
익어 가야 할
새콤한 풋맛이지

풋시절 풋노래로 풋굿 먹던 흙 마당에
풋나물 곱게 썰어 풋사랑을 담아내던
안동은
살구꽃 봄날
푸지게도 폈겠다

받침목

다투며 학교에 간 허기진 넷째 시간
도시락 든 엄마 모습 창밖에 비치는데
흰 구름 머무는 여기 오래 잘 있으라고

첫 발령 파도 소리 별리別離의 별별 낭만도
삶을 받쳐 주던 오동나무 장롱까지
꼭 맞는 받침목 하나면 딱이었다 하루가

참 오랜 나의 친구 정열의 88 오토바이
비탈진 한옥 마당 받침목에 세웠으니
관절도 발목도 닳아 바로 서지 못했다

안동버스

송아지 울음 그리운 안동에 가시거든
연분홍 시내버스가 치맛자락 날리며 오는
신시장 어깨쯤 내려 흥정도 해 보시라

산도 들도 촌스럽고 솔가지 이운 돌담
1번과 0번 버스가 버선발로 달리는 곳
디지털 연산 부호도 여기 와서 배웠나

손을 들며 손 흔들며 사색에 잠긴 신작로
가을은 종가마다 홍시로 익어 가고
잠자리 고단한 잠이 우표처럼 붙었다

풍등風燈

굽이쳐 돌아온 여긴
바람결인가 꿈결인가

두 손 받쳐 띄운 소원도
풍등으로 멀어져 가고

잔기침
먼산바라기
옷소매로 닦는다

가을밤

핏줄이 강이라면 당신 곁을 흐르고
바람이 천사라면 무동 태워 가시는
마지막
삼베 옷자락
귀뚜라미 웁니다

오늘은 남남이라도 손길 잡아 좋은 이
내리는 밤비쯤은 병풍 뒤에 숨겨 두고
아직도
못다 한 노래
식솔같이 모인 별

흑백사진

구겨진 흑백사진에
천연색 물감을 입힌

그래서 철쭉꽃이 핀
눈웃음 사진 한 장

빛바랜
사진첩을 나와
화전놀이 오셨네

풀벌레 까치 소리
닳아 흐릿한 산번지

구름이 툇마루에 앉아
주인을 부르는데

희비를
덧칠한 세월
요술인가 재밌네

산토닌과 유채밭

2교시는 학급에서 '산토닌*'을 먹는 날
하굣길에도 추격해 온 먼셀환 색상이었다
온 세상 황금빛 잔치
요술이 되곤 했다

유채가 약해 취해 천지간이 스러졌다
뻐꾹새 울 때 오면 무섭기만 했던 시절
호접몽**胡蝶夢
그보다 더한
노란 끈의 나비춤

---

* 옛날 구충제이며, 먹으면 눈을 비롯한 주위가 노랗게 보인다.
** 중국의 장자가 꿈속에 나비가 되어 놀다 깬 뒤 자신이 나비의 꿈을 꾸었는지, 나비가 자신의 꿈을 꾸고 있는 것인지 알 수 없었다는 이야기

선물

한때는 허리 굵은
황장목이 되려다가

내 것도 네 것도 아닌
무논에다 모심으며

흰 구름
손수건 한 장
받을 날만 남았다

제4부

무풍한송로

보문사에 들다

저녁놀 그것밖엔 가진 것 없는 필부匹夫
만날 사람 아직 많아 큰 바위로 남아 있어도
다시 또 천 년을 기다리는
마애불은 아니리

빗소리 풀벌레 울음 무장 좋은 칠석날에
이 득음得音 들을 날이 몇 년일까 운 좋으면
손가락 얌만 꼽아도
더는 없네 물릴 길

너와 나의 수평선엔 파도가 몰려오고
하마 시린 무릎 아래 외손들 뻐꾹새 소리
낮은음 에인 음표의
낙엽만 흩어지네

무풍한송로舞風寒松路

아득 먼 그날부터 향을 먹여 틔운 이 길
신라적 어느 각간角干의 마구간에도 들었다가
역신의 그물을 뚫고 다시 오신 솔바람

홀연히 나를 찾아 두견새로 울다 가자
깨달음은 허공만 같아 흰 구름이 흐르고
물소리 하도 깨끗해 몰래 귀를 씻는다

받아 든 가사袈裟 한 벌 소맷자락 휘날리며
세모시 고운 뒤태 가다가 뒤돌아보니
자꾸만 눈물이 난다 무장 푸른 하늘 밑

춤추듯 흔들리는 그대 어디서 왔는가
산빛 물빛 데리고 오체투지 하는 길일까
영축산 줄탁啐啄의 새벽을 개금불사 하신다

쟁반탑

동대문시장 좁은 길목 사리함 층층이 이고
하오의 지느러미가 꼬리치며 스쳐 가듯
삼층탑 경전을 올려
가는 길이 바쁘다

뻐꾹새 하루해는 길고도 허기진 봄
키 높이 소음을 감아 미싱은 돌아가고
공양은 아롱진 막고굴
만다라를 찾는다

나물무침 다복솔로 점심때가 반짝이면
간 맞춘 된장국에 사연을 듬뿍 올려
비켜라
거룩한 쟁반
몸뻬바지 납신다

바람의 초소
- 봉암사에서

추청秋晴은 갈수록 더해 잠을 잊은 자작나무
계곡도 나와 같아 하산길이 잠깐인데
억새꽃 풀잎의 하늘 마니차를 돌린다

산은 물길 앞세워 큰 바위 하나 둘 만하고
인연을 풀다 가기엔 등짐이 너무 무거워
돌에도 사무침을 새겨 마애불로 서 있다

내 삶을 물어다 나른 우듬지의 빈 둥지 하나
전생은 도요새였지 푸른 울음 예던 길
어디로 가야만 하나 바람 잣는 저 소리

미혹迷惑
- 선암사에서

연보랏빛 물고 오는 불개미의 순정을 보라
봄 꿈에 취한 나무 밑 여기가 남가군*인가
스님은 조실에 들고 산 뻐꾸기 목쉰 울음

산발한 술패랭이는 예불을 하셨는가
하늘은 풍경 소리에 금이 갈 듯 투명한데
절 마당 잦아든 바람 고개 떨군 동백꽃

무우전 선암매仙巖梅는 물들이는 중이고
물총새도 빛이 고와 율律을 짓는 산그늘에
한 번쯤 눈이 맞아도 용서해 줄 것 같다

* 당나라 순우분이 꿈속에 태수로 임명된 곳

선암사 해우소

문이 없어야 뒷간이지 깊어야 잊을 수 있지
돌아갈 파발마를 시무나무에 매어 두고
상처 난 발가락으로
그리움을 던지네

어리연 꽃잎 한 장이 성불成佛이 되기까지
밤하늘 보석함에 숨겨 둔 이름까지
보내고 또 맞아야 할
블랙홀은 항상 있지

구름 모자 눌러쓰고 한시름 앉아 보니
가진 게 너무 많아 비울 것만 남은 반 평
지구가
자전하는 소리
귀만 남아 엿듣네

운주사

흩어진 돌 조각은 천불 천탑이 못 이룬 꿈
세월은 마음 같지 않아 버선발로 가시는데
산새도 하안거인가 반기는 이 하나 없다

얼마나 낮아져야 영산강 물빛이 되며
비쭉비쭉 산새 울음 천지간에 먹을 넣나
부처는 지구를 베고 깊은 잠에 들었다

물소리 오며 가며 은어 떼와 친구하고
바닷가 조약돌이 완창을 마칠 때면
운주사 와불도 일어나 어깨 들썩 하겠다

견성 見性

깎고 또 깎아 만든 내 삶은 박달목 팽이
어둠을 보쌈하여 산문 밖에 세워 두고
뭇별들 오신 객사에 나를 찾아 헤맨다

풀벌레 잠이 들어 귀만 남아 뒹구는 밤
미리내 물살 치켜든 오작교 불빛 넘어
귀로의 지친 바닷길 용선龍船인 듯 오신다

한번 읽어 보라는 걸까 꼬리 펼친 공작새
그렇지 너도 채워야 할 싯다르타의 그릇 있지
서운암 공양간에 와 그리움을 비운다

홀딱벗고새

공부에 게으른 스님이 전설의 새가 되어
홀딱벗고 홀딱벗고 가진 것 모두 벗고

나처럼 되지는 말고
온갖 망상 다 벗고

묘령妙齡의 상사병으로 암자를 돌고 있는
사랑도 홀딱벗고 미련도 홀딱벗고

그 스님
뒷간에 숨어
홀딱벗고 우는 새

봉발탑 奉鉢塔* 앞에서

한 그릇을 위한 고달픈 저녁놀이야
용화전에 예불 올려 잊을 수 있겠지만
가슴속 자욱한 운무雲霧 저만 혼자 애탄다

자벌레도 가다 서다 품을 재는 가을밤에
딩 딩 딩 풍경 소리가 탑돌이로 돌고 나면
꿈속에 받을 발우鉢盂도 돌덩이인 양 앉는다

얼마나 사무쳐야 옷깃 한번 스쳐 갈까
공양은 하늘을 담아 가슴에 내리는 것
한 시절 꽃도 낙엽도 성불 옷을 입었다

* 석가세존의 밥그릇인 발우를 미륵보살이 이어받을 것을 상징한 조형물로 통도사에 있다.

개목사開目寺에서

산은 늘 거기 있는데 나는 거기에 없고

길 따라 내려온 산
산에 입적한 오늘

버릴 것 다 버렸으니
둘만 있네 산새와

울창하던 소나무 숲 안개가 다 지우고

범종 소리 무거워
두고 가는 하산길에

사는 건
무명無明 같아서
눈을 뜨지 못한다

봉암사 마애불

얼마나 서 있어야
연지 볼이 닳을까

상처는 만 평이라도
그대 품에 안기는데

한 목숨
정을 두드려
뻐꾹새로 울다 간다

소나기

누구의 "이 바보"였을까 나도 어렸을 적
고향에 찾아와도 고향은 아니었고
감은 눈 먼 개울가에 허수아비로 서 있네

사랑이 머문 빛깔은 가슴속 여울이 되어
윤슬끼리 눈짓하다 두물머리에서 만나더니
구름이 징검다리 놓아 저만치 달려 보네

죽어 끝을 맺는 소설 같은 비를 맞으며
살아 있음에 대역해 보는 사랑의 빈 원두막
메밀꽃 밤길을 가는 당나귀가 나였네

제5부

개기월식

마량리 답청踏靑

해변 길 데이트는 우아한 학춤이지
녹슨 우편함에는 독촉장만 수북하고
갈매기 비바체 울음이
마량항을 퉁친다

떠나는 물길이라도 잡고 싶은 이런 날
초승달 손톱 위에 해조음이 자라나서
내 곁에 살짝 다가와
수평선을 펼치더니

실눈 뜬 섬 동백이 여명을 길어 오면
갯일 나간 툇마루엔 햇살이 졸고 있고
그 꽃잎 달군 모루에
봄바람을 벼린다

개기월식

잊고자 하였어도 다시 돋는 두릅 햇순
휘핑크림 흘러내리는 소나기 개울가에
징검돌 밟고 오려나 커튼콜을 해 본다

옆구리를 내어 주는 건 미련을 주문한 것
달맞이꽃 소맷자락 퍼즐로 맞추어 가며
벽사碧紗의 새벽 창가에 길손으로 들란다

잠시 소등을 하며 우연이라 변명하지
뒤꿈치 들어 보아요 조금 더 가까이요
댕댕이 가마 속 열기로 달항아리를 안는다

찡그린 눈썹달로 고죽*을 녹여 보았고
아닌 듯 돌아서며 허공 다리 건너시던
누굴까 몰래 찾아온 바람꽃이 있었다

* 조선 전기의 기녀 홍랑이 사랑한 시인 최경창의 호

너도바람꽃

바람결 씨앗이 자라 바위 끝에 앉았다
백설도 삼가로이 저만치 비켰는데
차가운 겨울 손길이 옷고름을 풀었다

사는 건 꽃이라더니 무던히도 눌린 압화押花
기적처럼 사라져 간 몽환의 꿈이더라
한목숨 잠시 흔들며 오로라를 기다린

그대를 미투하기엔 눈이 부신 천지간
문빗장 굳게 잠그고 시침마저 빼 두고
오늘은 찾아오려나 뭉크의 그 별밤*

* 노르웨이의 화가 에드바르 뭉크의 〈별이 빛나는 밤〉

항문

오직 그대를 향한
충절의 매화梅花이기를

닳도록 수발하던
생때같은 가슴을

한 번도
보여 드린 적
후회한 적 없습니다

용서하며 수절하며
미워하고 사랑했노라

잘 가라 그대들
손짓하는 출구에서

악으로
버틴 힘줄도
놓아주려 합니다

분홍색

종이학 접어 보낸 라일락 꽃입니다
동굴에서 피어나는 알라딘의 요술 램프
한 잔 술 스쳐 간 날도 바람결에 흩날려

뒷모습 찰랑이던 참 오랜 기다림입니다
일곱 빛깔 하모니카 교실 마지막 문을 열면
눈 덮인 동화의 나라 오로라만 같더니

톡 치면 금이 갈 빈 하늘 투명입니다
퍼즐이듯 지난날은 스테인드글라스 빛으로
아직도 홰나무 아래 꿈이 깊은 밤입니다

소라

바다가 무장 좋아 잠을 설쳤나 보다
집적거리는 파도가 싫지 않았나 보다
돌아선 해안선 곁에 기대고 싶었나 보다

너 가고 귀만 남아 하염없이 뒹굴더니
먼 외계 사막 끝에 불시착한 비행접시
눈빛만 애를 태우며 긴 수화를 하고 있다

누추한 집 계단을 딛고 여기 와 살아요
파도가 밀어 올린 옥탑방 길 따라가면
봄 언덕 연둣빛 의자도 마주하여 기다려

이 황홀 얼마 만인가 백사장에 누워 본다
하늘이 불타더니 이냥 깊이 잠이 들어
먼바다 지키는 숨결 등댓불만 남았다

지네

적선이 오려나 보다 달빛 저리 보채는데
마디마디 포문을 열고 수군들 잠을 깨워
일전을 펼치려는가 힘껏 노를 당긴다

가다가 뒤돌아보며 후방을 걱정하고
아닌 듯 소등하면 실을 푸는 바람 소리
"나 죽고 네가 살아야 마땅하거늘 아들아"*

깊은 밤 취적吹笛 소리 먹구름이 물러나고
촉촉이 젖은 하늘 새순 돋듯 별이 와서
설원의 깊고 푸른 밤 현해탄을 건넌다

* 이순신의 삼남 '이면李葂'이 왜적과 싸우다 전사하였다는 전갈을 받고 난 중일기에 적은 글

가을 강

반짝임으론 부족해
온밤을 뒤척이다가

바람이 던진 낙엽
타일러도 보다가

속울음
타는 불꽃을
목판화로 찍는다

3월

누가 오실 것 같은
밤 깊은 단톡방에

잊으려 다시 피는
통도사 자장매 소식

톡 톡 톡
창문을 열고
봄비 너도 오신다

신정산에서

까치가 깍깍 울어
고향 산을 들어 올리고

산은 까치를 불러
그리움의 키를 재는데

새벽길 신정동 뒷산
공항 찾는 비행기

잊고자 하였어도
다시 돋는 두릅 햇순

풀꽃 향기 소매 끝에
안부인 듯 묻어나지만

한 마리
나비가 와서
따라오라 하신다

포구에서
- 벗을 보내며

이제 곧 떠나려는가 그대 보이지 않네
두고 온 산빛 물빛 눈보라도 길을 잃고
사는 건 그런 거라며 물거품만 떠 있네

한 발짝 물러서서 바라보고 있었을 뿐
갈 곳도 올 곳도 없는 우리들은 무인도
봄바람 흔드는 옷자락 갈매기를 부르네

그날은 진혼제였나 청솔가지 꺾여 울던
소리치며 돌아갈 길 어느 신의 영역인가
철 지난 파도가 와도 못 말리네 그 오기

고도孤島

수평선을 베고 누운 갈라파고스는 거기 없네

숨결 가만 두드리는 은파*의 물결을 타고

섬 동백
실눈을 뜨는
먼 포구에 와 있네

* 와이만 작곡의 은빛 물결과 같은 선율의 음악

요要

한 여자가 옆구리에 손을 대고 서 있다
세존도 마야부인의 옆구리를 나왔으니
저녁밥 씹어 삼키며 옆구리를 달랜다

덮을〔而〕 수 있다면 덮어야지 세상 끝까지
청산도 눈을 덮어야 매화 피지 않던가
약관의 푸른 입자들 비문증飛蚊症*으로 떠돈다

* 안구의 유리체가 혼탁하여 눈앞에 물체가 날아다니는 듯이 보이는 증상

제6부

첫눈

독법讀法

옆구리 끼어도 좋을 잃어버린 점자 시집

물푸레나무 반짝이다 하늘로 납시었나

창밖은 별들의 장날 읽어 보라 하신다

한 권의 시집인 걸 새싹이던 덧니 너도

닳아서 무딘 손끝 지문 다 지워지고

허공에 낚시를 던져 자모음字母音을 낚는다

반달

1
반쪽은 반이라서 가슴에만 사는 것

더러는 불러내어 보름달로 맞추다가

헤어져
돌아갈 자리
손 흔들며 서 있다

2
혼자만 갖지 말고
나누어 가지라며

기쁨도 슬픔까지도
손가락에 끼워 보다가

등 굽은
오작교 건너
약속인 듯 오신다

88다방

커피잔을 저어 가며 달콤하게 간 맞추던
기다림의 다방은 늘 알전구가 켜져 있고
익숙한 맛의 입자가 턴테이블로 돌고 있다

주문하기엔 아직 이른 더께 낀 퇴근 무렵
마담의 고운 목소리 노른자로 떠 있는데
밤에만 피는 달맞이꽃 분 냄새가 스친다

목도리 태엽을 풀며 오르골 소리 들려주는
은막의 겨울 여자 찻잔에 내린 첫눈
설탕을 넣지 않아서 반백 년이 쓰겁다

첫눈 6

아득한 소실점은
손 흔들던 첫눈입니다

나뭇잎 바람 소리
실 끈 푼 벌레 울음도

흩어진
파란 낙엽의
뜨거웠던 첫눈입니다

가까이 아주 가까이
아니면 멀고 먼 곳

별밤의 선무공작으로
너를 찾아가는 길

미리내
고운 물길도
하늘에 내린 첫눈입니다

첫눈 7

지금쯤 눈썹 위엔
첫눈이 묻었겠지요

모란꽃 오월 드레스
저녁놀 끌고 가는

색종이
접은 비행기
멀리멀리 떠가요

구원

아무 이유도 없이 장검 흔들며 오는 사람
칼날 맞잡고 놀란 절박한 비명에 그만
아내는 나를 구출해 주고 곤한 잠에 빠졌다

지옥인 듯 연옥인 듯 골짜기 맨발로 서서
향 연기 가물가물 이승 꿈 피어오르면
밤 깊은 영어囹圄의 창가에 다시 올까 아내는

여기쯤 반환점이 될 애증 어린 동행의 날
장다리꽃 피고 지던 흰 구름 떠나보내며
아내의 깊은 잠결에 나를 밀어 넣는다

새 소리 듣기 5

행여 나를 찾아온 전생이었다 해 다오
그날 해독할 수 없던 이야기를 하시려나
절규는
선혈로 고이고
당신 떠난 빈자리

새 소리 따라가면 하늘 문이 열릴까
누구의 머리맡에 나도 언제 서성이다
새 하늘
만 평을 얻어
객창客窓에서 울지 몰라

산수국과 별

누가 와서 이름 불러 준 한 줌 별의 씨앗이기
벼르던 폭염 앞에 길게 누운 백두대간
저것들 숨은 눈웃음 빗자루로 쓸어야지

가까이 귀 기울이면 풍금 소리 들릴 듯
철없는 미루나무 반짝이던 잎사귀들
소복이 모여 앉아서 무슨 수작을 벌인다

작은 점을 찍어도 하늘 뜻 담겨 있고
눈물 비친 사랑이 보석으로 변해 있는
그런 꽃 하얀 손수건 십자수를 놓았다

간고등어 사랑

목기러기 앞세우고 화촉 등불 밝혔다
한숨마저 얼어붙은 개봉시장 좌판에서
내 사랑 한 손 사 들고 귀가하지 않으련

꼭 안아야 해 우린 팔려 가지 않겠지
영혼의 원앙금침 잠시 누워 있는 것
뜨거운 속을 다 비워 애탈 일이 없구나

누구에게 안긴다는 건 뜨거운 눈물이지
살아서도 죽어서도 인연이란 있는 거지
하늘이 내어 준 길로 면사포를 쓰고 가자

고등어와 머리핀

어느 이 손길로도
곱게 묶지 못하리

금실 은실 수를 놓아
먼 바닷길 돌아오라

온몸에
침을 꽂고도
아프지 않은 속살

외손녀 머리단장
고운 핀 많이 들던데

잃었던 금침 하나가
목에 걸려 있구나

초저녁
한바탕 소란
저녁상을 물린다

나부裸婦*

톡 톡 톡 덧칠하면 돋아나는 살굿빛
그리움의 선을 굽혀 라일락꽃 피었다
차라리 선악과 앞에 눈멀어라 에덴의

이렇게 당신 닮은 안의 오직 한 사람
당신이 처음 가둔 밖의 또 한 사람
화첩에 언약을 올려 홀베인**을 섞는다

천년을 누워 보면 만날까 사랑이여
아지랑이 지난날들 술 취한 듯 뒤집으며
동박새 목쉰 울음이 봄 바다를 재운다

* 모딜리아니의 그림
** 젊은 날에 사용했던 유화물감 이름

그믐달

손톱을 깎으려다
하늘 멀리 튀었나

너를 감추려다 보인
눈가의 잔상인 양

봄바람
오시는 멀리
흉터처럼 남았다

포란抱卵

단단한 껍질 속 너의 엄마 찾는 소리 들으려
화두에 잠겨 정지된 지독한 단식의 시간
불문법 굳게 지키며 불의 강을 넘는다

기다림의 미학이란 우리들 철학이지만
오체투지 그보다 더한 너에게로 가는 길
발 아래 우주를 굴리며 하루해를 견딘다

더는 다가서지 않을레 발길 돌려 사과한다
사랑은 눈빛을 타고 은하에 닿았는데
일곱 별 찍어 갈 발자국 나붓나붓 들킬라

제7부

달과 소년

쇠똥구리와 똥

숲속에 숨기고 간 추억이란 까만 똥 있지
흙냄새 불립문자 휘휘한 외양간 너머
인생은 매화 한 송이 등불 들고 오겠다

어쩌면 하늘 끝까지 숨겨야 할 여의주
잘못된 선택이라 탓할 수 있으랴만
운동장 낙목한천落木寒天에 청백으로 서 있다

물망초 덧니들아 어디쯤 살고 있니
지구라도 밀고 갈 듯 굴리다 달아난 공
마차부 별자리 안에 아직도 돌고 있다

화두

삶이란 무엇인가
차 한 잔이라네

어떻게 살아야 하나
차 한 잔이라네

밤하늘
별빛이 지면
국화차 한 잔이라네

두견새

최성수의 「풀잎사랑」이 차광막을 흔들며
젖은 땀 찌든 마스크 팬터마임이던 시장 안
세모歲暮는 기다림인가 도쿠가와의 두견새*

눈물꽃 소금 뿌려 아들딸 좌판에 뉘어
"자유 통일을 위해" 나라를 지키고 있다는
월남전 중사 이야기 밀림 속에 갇혔는데

자동소총 뻥튀기를 탄피처럼 쌓지 못하고
부비트랩보다 무서운 팬데믹 화생방전
안개비 긴 하루해를 매복하는 중이다

* 일본 전국시대의 '도쿠가와 이에야스'는 '두견새가 울 때까지 기다린다'는 성품이다.

오리온자리

얼마나 눈이 멀면 당신 안의 나일까요
하늘은 망댕이가마 초벌을 막 끝내고

야자수 그림자 사이
눈짓 언뜻 보낸다

어쩌나, 아르테미스여 오빠의 유혹에 속은
실수로 쏘아 죽인 나의 사랑 오리온

슬픔은 슬픔이 덮는 것
그래서 더 빛나는 것

아카시아꽃 그늘에서

입춘첩 써서 붙인 봄날은 남가일몽

삶은 그런 거라며 타이르듯 겨울 가고

지난해 보낸 편지가 반송되어 오신다

못 잊어 따라나선 찬란한 흐름 속을

해마다 다시 한번 각설이로 오시더니

오월은 주렴珠簾을 내려 수렴청정 하신다

거미

이슬이 보석으로 달린
어느덧 가을이구나

그물망 출렁거릴
먹이를 기다려야지

세월이
남겨 두고 간
그리운 내 밥이여

태풍

끈질기게 북상하는 파란 눈이 수상하네

회초리 들고 있는 먼바다의 숨소리가

내 안의 악귀를 쫓으려 칼을 물고 오시네

울먹이는 난바다를 어쩔 거나 너라면

봉두난발 어질머리 모래톱만 쌓여 가고

꿈인 듯 아닌 듯 그대 모닥불만 남았네

꽃뱀 탄원

모하비 사막을 넘는 화물열차를 보았지
"사향 박하의 뒤안길, 꽃대님"*이라 하였지
하늘 뜻 정령을 받은 단벌 고운 신사라오

세상에 독이 없는 자 어디에 있을까
한목숨 습지를 헤맨 찬란한 운명의 끈이
산머루 눈웃음 따라 오체투지 하시니

그대 넥타이 뒤에 숨은 화려한 꽃뱀이여
나는 아담을 유혹한 죄 돌팔매를 맞지만
이 세상 당신께 바친 건 나의 조상 아니오?

* 서정주의 시 「화사花蛇」의 일부

쌍무지개 뜨는 언덕

비구름 바람결을 화선지로 둘둘 말아
후미진 빈터에서 환생시키고 싶었나

삶이란
허공에 벼린
일곱 빛깔 저 시위

그대 머문 빈자리는 휘어질 듯 아련한데
무너지도록 눈에 밟힌 청라언덕 궁창에서

갈수록
버릴 것 많은
아미蛾眉 고운 꽃들아

석별

보리누름 사래 긴 밭 찰랑이는 귀밑머리
초 중장을 두던 돌이 축逐으로 몰렸거니

한 소절 붕새 울음아
송천*에 와 돌아라

종장을 쓰다 말고 더는 잇지 못하네
반변천 강바람도 열 맞추어 추념하는

곱고 흰
국화꽃 한 송이
내려 두고 갈밖에

* 시조시인 고 조영일이 살던 고향

똥에게

도솔봉 외진 계곡에 터를 잡은 예쁜 똥아
화들짝 놀라 달아났을 눈빛 자꾸 떠올라
원죄는 바람처럼 살아도 갚을 길이 없구나

맵고도 쓰디쓴 똥아 저렇듯 애타는 사연
헝클어진 지난날은 올림머리로 묶었는데
어젯밤 떨어진 별은 네가 먹었나 보다

보랏빛 사연 있지만 그래서 멍든 똥아
밟아 보지 않으면 뭇 생을 논하지 말라
한 목숨 지친 발길로 탑을 쌓고 가셨다

독도 갈매기

은빛 날개에 실어 만삭이 된 바다의 꿈
맨발로 마중 나와 참 오래 기다렸던
섬이여 한번 잡은 손 놓아주지 못한다

키 작은 바람결도 빗겨 나는 경계 밖
두 눈 부릅뜨고 찾을 물골 안 산 몇 번지
조선의 쪽빛 하늘도 여기서 길 열었다

순결의 저녁놀은 풀무질로 살아나고
온갖 것 불러 모아 수궁으로 돌아간 밤
악사여 빈 음계만 쓸쓸히 내 곁에 와 눕는다

달과 소년

연둣빛 한 소년이 하냥 여기 밀려왔네
질긴 끈 샅바를 잡고 모래판을 지키다가
귀뚜리 그리운 소리 청진기로 엿듣네

날려 보낸 종이비행기 해도 달도 비껴갔지
는개비 지평선엔 이정표도 흐릿하고
약병 속 남은 의미가 몇 알밖에 없구나

고개 고개 넘다 보니 가고 없는 버들피리
그 시절 손톱이 남아 눈썹달이 떠오르고
그래도 달빛 좋아라 뻐꾹새가 울어라

시인의 산문

허공 속에 묻혀 갈 긴 꿈의 연필 한 자루

권 혁 모

1. 곡수曲水에 잔을 띄우고

첫눈은 홀씨로 떠다닌다. 어깨 위에, 가슴속에, 발자국 위에 소복소복 쌓인다. 소실점vanishing point은 그림 그릴 때 어떤 평행선이 점으로 사라지는 지점이다. 그리움의 과녁이다. 우리가 살아가는 모습이며 사랑의 의미도 시간과 함께 식어 소실점으로 멀어지는 것. "나뭇잎 바람 소리"며 "실끈 푼 벌레 울음도" 우리들 삶의 의미를 더욱 뜨겁게 하려 이 땅에 내리는 것이리. 결국 "흩어진/ 파란 낙엽의/ 뜨거웠던 첫눈"이고 말았다.

그리하여 "가까이 아주 가까이/ 아니면 멀고 먼 곳"에서 "별들의 선무공작으로/ 너를 찾아가는 길"이지 않으랴. 첫눈은 하늘에서 땅으로 내리는 것이 아니라, 땅에서 하늘로 밤에만 내린다.

아득한 소실점은
손 흔들던 첫눈입니다

나뭇잎 바람 소리
실 끈 푼 벌레 울음도

흩어진
파란 낙엽의
뜨거웠던 첫눈입니다

가까이 아주 가까이
아니면 멀고 먼 곳

별밤의 선무공작으로
너를 찾아가는 길

미리내
고운 물길도
하늘에 내린 첫눈입니다
-「첫눈 6」 전문

지금쯤 눈썹 위엔

첫눈이 묻었겠지요

모란꽃 오월 드레스
저녁놀 끌고 가는

색종이
접은 비행기
멀리멀리 떠가요

-「첫눈 7」 전문

    백미白眉는 '흰 눈썹'이라는 뜻이다. 이는 세월이 흘러간 의미이기도 하지만, 비범한 존재를 뜻하는 비유이기도 하다. 중국 촉한 때 마씨 다섯 형제가 모두 재주가 있었는데 그중에서 눈썹 속에 흰 털이 난 마량馬良이 가장 뛰어났다고 한다.
    아무렴, 세월의 의미 혹은 비범함의 의미 또는 둘 다, 그대라는 존재를 '첫눈'이라는 이미지에 대유大喩시켜 본다. "모란꽃 오월 드레스"가 "저녁놀 끌고 가는" 사랑의 진정한 의미와 제행무상諸行無常을 하늘 위 점 하나로 떠가는 하얀 비행기에서 찾아본다.
    지금쯤 눈썹에는 세월이라는 첫눈이 묻어 있다. 모란꽃 청춘은 드레스를 입고 황혼에 이르기까지 제트기의 하얀 흔적을 끌고 간다. 한때 접어 날렸던 종이비행기가 아직도 하늘

멀리 떠가는 숙명을 어쩌란 말인가?

>이승을 다 지우고 떠나는 날 언제일까
>어기영차 불귀 불귀 푸른 비가 내리면
>망원경 뒷주머니에 숨겨 가면 안 될까
>
>소백산 천문대에서 행성을 보았듯이
>천상에서 비박하며 그리우면 어쩌지
>감청색 지구라는 꽃밭 보름달로 뜨겠지
>
>이제 제임스 웹이 우주 탄생을 찾는데
>그까짓 살던 옛집 어딘들 못 찾으랴
>첫눈이 수놓은 강변 자작나무 숲길도
>
>곁에 있으면 좋겠네 먼저 떠나신 그대
>망원경 꺼내 들고 내가 설명할 수 있다면
>아득히 지상의 날을 함께 볼 수 있다면
>― 「망원경」 전문

산다는 건 이승의 종착이 다가온다는 것이다. 어느덧 산수 역傘壽驛까지 남은 건 다섯 손가락이다. 아니다, "어기영차 불귀 불귀 푸른 비"가 내리는 그날이 오면 로즈향 짙은 추억도, 미루나무 숲 반짝이는 고향 산천도, 내 곁의 사랑하는 이들 모두 포맷하고 떠나야 하는 것. 그런데 단 하나의 소원이 있다. 망원경 하나쯤을 뒷주머니에 숨겨 가고 싶다. 나를 있게 한 창조주께 허락을 구하면 "너만 그렇게 해 줄 수 없다"고 할 테니. 숨겨서 갈 수밖에 없으리.

 지난날 소백산 천문대에서 몇 밤을 새우며 천체 망원경으로 별과 행성을 관측했듯이, 숨겨간 망원경으로 이승에서 살던 곳곳을 살펴보자는 것이다. "감청색 지구라는 꽃밭"이 보름달로 떠오르면 "천상에서 비박bivouac하며" 그리운 날을 보고 싶다.

 '제임스 웹'은 우주 탄생의 신비를 밝혔다는데, "그까짓 살던 옛집 어딘들" 못 찾으랴. "첫눈이 수놓은 강변 자작나무 숲길"까지도 말이다. 부모님도 거기서 만날 수 있으면, 함께 살았던 아득한 지상의 날을 "망원경 꺼내 들고 내가 설명할 수 있다면" 정말 그럴 수 있다면 얼마나 좋으랴.

 울산의 젖줄인 태화강의 반구대 암벽엔 고래를 비롯한 늑대며 호랑이, 물고기 등의 다양한 형상과 어부의 모습, 사냥하는 모습이 새겨져 있다. 신석기 혹은 청동기시대부터 오랜 기간 사람들이 원하는 그림을 추가로 그려 넣은 일종의 신앙 또는 삶의 한 부분이었을 것이다.

  꿈꾸던 화첩을 펼쳐 그리움을 새겼다

거친 숨결 청동기도 쪽빛 물결에 실어 와
대곡리 물가에 두고 수평선으로 떠났다

헤라의 젖줄이 된 미리내 신화를 건너
살아 숨 쉬는 나스카를 맛보기로 본뜬다면
우리들 머문 자리도 알 수 없는 꽃 그림

그때 그 사람들 모여 우우우 춤을 추며
큰 바다 혹등고래 떼 도깨비로 납시었던
수만 년 만경창파가 횃불 들고 오신다
　　　　　　　　－「고래의 꿈 – 반구대 암각화」 전문

　암벽에 그림을 남겨 둔다는 건 사람들의 그리움일 수 있다. 바닷가로 모여든 이들의 애환을 물결에 싣고 와 "대곡리 물가에 두고" 세월이라는 먼 수평선으로 떠났다. 이런 삶의 행위는 여기 말고도 남아메리카 페루의 나스카 일대의 거대한 그림 군으로 펼쳐지기도 한다. 거미를 비롯한 고래, 원숭이, 벌새 등 수많은 그림을 본뜬 기하학적 무늬가 궁금증을 더하게 한다.
　'반구대 암각화'도, '나스카 라인Nazca Lines'도 모두 "알 수 없는 꽃 그림"이 아닐까. 자연 속에서 살아가는 삶의 몸부림이 담긴 흔적이니 말이다.
　"그때 그 사람들 모여 우우우 춤을 추며/ 큰 바다 혹등고래

때 도깨비로 납시었던" 수수만년 만경창파 앞에서 다함 없는 생각에 빠져들게 한다.

    조선시대의 풍속화가 신윤복이 그린 〈연소답청〉은 수묵담채화로 진달래꽃 피는 봄철이 되자 반가의 유생들이 기생을 말에 태워 가는 야유회 모습이다. 답청踏靑이란 음력 삼월 삼짇날이나 청명에 산이나 계곡을 찾아 먹고 마시며 봄의 운치를 즐기는 풍속이다.
    어느 봄날 나의 답청은 서해의 갯벌이 살아 있는 서천군 마량리를 찾아가는 것이다. 활짝 핀 동백꽃을 만나기 위함이지만, 그러나 아직 이르다며 차가운 봄바람만 쐬다 돌아왔다. 해변 길 데이트는 바람이 연출한 우아한 학춤이었다. 아무도 없는 빈집 골목길의 녹슨 우편함에는 독촉장인 듯 우편물이 가득 쌓여 있다. 갈매기 비바체 울음이 마량항을 대변하고 있는 듯하였다.

    해변 길 데이트는 우아한 학춤이지
    녹슨 우편함에는 독촉장만 수북하고
    갈매기 비바체 울음이
    마량항을 퉁친다

    떠나는 물길이라도 잡고 싶은 이런 날

초승달 손톱 위에 해조음이 자라나서
　　　내 곁에 살짝 다가와
　　　수평선을 펼치더니

　　　실눈 뜬 섬 동백이 여명을 길어 오면
　　　갯일 나간 툇마루엔 햇살이 졸고 있고
　　　그 꽃잎 달군 모루에
　　　봄바람을 벼린다
　　　　　　　　　　　－「마량리 답청踏靑」전문

　아직 꽃이 오지 않는 마량리는 갯내며 파도 소리가 다가와 수평선으로 펼치고 있다. 실눈 뜬 섬 동백이 새벽을 길어 오면, 갯일 나간 슬레이트집 툇마루엔 햇살이 주인을 기다리다 졸고 있다. 순정의 동백꽃 송이를 대장간 모루에 올려 기어이 벼리고야 마는 봄바람, 아직도 내게 남풍으로 불어온다.

　　　동대문시장 좁은 길목 사리함 층층이 이고
　　　하오의 지느러미가 꼬리치며 스쳐 가듯
　　　삼층탑 경전을 올려
　　　가는 길이 바쁘다

　　　뻐꾹새 하루해는 길고도 허기진 봄

키 높이 소음을 감아 미싱은 돌아가고
공양은 아롱진 막고굴
만다라를 찾는다

나물무침 다복솔로 점심때가 반짝이면
간 맞춘 된장국에 사연을 듬뿍 올려
비켜라
거룩한 쟁반
몸빼바지 납신다

― 「쟁반탑」 전문

  동대문시장 비좁은 길목을 누비며 사리탑인 듯 층층이 점심 공양을 이고 간다. 하루의 긴 노동은 뻐꾹새 울음이라도 되는가? 그래도 "키 높이 소음을 감아 미싱은 돌아가고" 삼층탑 경전을 올려 만다라를 찾아가는 보살(?)의 발길이 분주하다.
  삶이란 어차피 한 줄의 경전이며, 화전놀이 하는 답청인가 보다. 조선 중기의 김인후는 "주나라는 곡수曲水에 잔을 띄웠고周家觴曲水, 진나라 나그네는 청류淸流에서 시를 읊었다晉客詠淸流"라고 하였다.

네게서 내가 눈이 먼 당신은 누구신가요
하늘은 망댕이가마 초벌을 막 끝내고

야자수 그림자 사이
눈짓 언뜻 보낸다

어쩌나, 아르테미스여 오빠의 유혹에 속은
실수로 쏘아 죽인 나의 사랑 오리온

슬픔은 슬픔이 덮는 것
그래서 더 빛나는 것

─「오리온자리」 전문

    그리스·로마신화에 나오는 사냥꾼인 오리온의 이름을 따서 붙여진 '오리온 별자리'가 있다. 슬픈 신화의 내용은 그렇다 치고, 일단 밤하늘을 보면 눈에 가장 먼저 들어온다. 먼 적도 하늘 밑 새벽을 달리는 길에서도, 남반구 하늘 아래며 서울에서도 잘 보인다. 어쩌면 그 별자리가 끈질기게도 나를 따라온다.

숲속에 숨기고 간 추억이란 까만 똥 있지
흙냄새 불립문자 휘휘한 외양간 너머
인생은 매화 한 송이 등불 들고 오겠다

어쩌면 하늘 끝까지 숨겨야 할 여의주

잘못된 선택이라 탓할 수 으랴만
운동장 낙목한천落木寒天에 청백으로 서 있다

물망초 덧니들아 어디쯤 살고 있니
지구라도 밀고 갈 듯 굴리다 달아난 공
마차부 별자리 안에 아직도 돌고 있다
　　　　　　　　　　－「쇠똥구리와 똥」 전문

　추억도 그런 것일까? "지구라도 밀고 갈 듯 굴리다 달아난 공"이었건만, 인생이라는 마차부 별자리 안에서 아직도 숨 쉬며 굴러가고 있다.
　내가 굴리다 갈 똥은 "흙 내음 불립문자 휘휘한 외양간 너머" 어디쯤일까, 이를 무상이라고 하는 걸까. '물망초' 덧니들은 어디쯤 자리 펼쳐 살고 있는지, 인생이란 굴리다 갈 똥이 아닌가? "휘휘한 외양간 너머"로 풍겨 오는 그런 향기. 갓 눈 뜬 매화 한 송이 등불 들고 찾아오면 얼마나 좋을까.

　원래 우리 집안은 불가佛家 쪽이었다. 초등학교에 들기 전 어머니의 손을 잡고 어떤 절을 찾았던 기억이 있는데, 불교도는 아니지만 마음은 이미 불심의 꽃물이 배었나 보다.
　부처의 나라 태국의 '아유타야 왕국'도, 인도 바라나시 북방의 '사르나트(녹야원)'도 나에게는 또 하나의 깨달음을 준 먼 순례길이었다.

> 한 그릇을 위한 고달픈 저녁놀이야
> 용화전에 예불 올려 적실 수 있겠지만
> 가슴속 자욱한 운무雲霧 저만 혼자 애탄다
>
> 자벌레도 가다 서다 품을 재는 가을밤에
> 딩딩딩 풍경 소리가 탑돌이로 돌고 나면
> 꿈속에 받을 발우鉢盂도 돌덩이인 양 앉는다
>
> 얼마나 사무쳐야 옷깃 한번 스쳐 갈까
> 공양은 하늘을 담아 가슴에 내리는 것
> 한 시절 꽃도 낙엽도 성불 옷을 입었다
> ─「봉발탑奉鉢塔 앞에서」전문

근래 자주 찾는 통도사에는 석가세존의 밥그릇인 '발우鉢盂'가 탑 형태의 조형물로 세워져 있다. 이는 미래에 올 부처인 미륵보살이 이어받을 것을 상징한 것이다.

"자벌레도 가다 서다 품을 재는 가을밤에" "딩딩딩 풍경 소리가 탑돌이로 돌고 나면" 내가 받을 꿈속의 발우도 저렇듯 돌덩이로 앉을까?

사무침이 얼마나 깊으면 인연을 만날 수 있을까? '공양'은 부처님 앞에 음식물을 바치는 것이 아니라, 무한의 하늘을 담아 우리들 가슴에 내리는 것이 아닐지? 내가 사는 이 순간의 꽃도 낙엽도 모두 성불 아니랴?

    일본 영화 〈철도원〉을 본 적이 있다. 하얀 눈이 덮인 삿포로 시골 마을의 종착역을 2대째 지켜온 철도원 '사토 오토마츠', 호로마이역의 역장인 그에게는 가정보다 철도원의 임무가 더 중요하였다. 생후 두 달 만에 죽은 딸 '유키코'는 17년 동안이나 아버지가 근무하는 역사驛舍에 나타나 온갖 즐거움을 주는 등, 눈 덮인 철도를 배경으로 한 판타지의 풍경 속으로 빠져들게 한다. 오토의 정년퇴임을 앞둔 새해 아침이다. 플랫폼의 눈을 치우고 있던 그에게 딸 유키코가 인형을 안고 웃으며 다가와 인사를 하는 모습은 가슴을 먹먹하게 한다.
    설경을 배경으로 한 철도의 풍경 속으로 한없이 빠져들었지만, 그러나 아내와 딸을 잃고도 그 슬픔을 뒤로한 채 오직 철도원이라는 사명감에만 충실하였던 오토가 한편 안타깝기만 하다.
    나의 아버지는 일제 강점기에 안동 시골의 남선소학교를 나와 중기기관차를 운전하신 철도원 1세대이다. 내가 태어나기 전 안동철도국의 기관차사무소 소속으로 6·25전쟁 때에는 기관사로 참전하였다. 전세戰勢에 따라 중앙선을 오르락내리락하여 병역과 군수품 운송에 앞장서야 했다.
    나는 전쟁둥이로 태어났지만, 후일 아버지의 숱한 애환을 들을 수 있었다. 임무를 받은 안동역 구내에서 입환入換(열차 정리)을 하던 중, 플랫폼에 모여 있는 징집 대기병 중에 아버지의 고종사촌 형을 발견하였을 때가 안타까웠다고 하였다. 매연이 가득 찬 죽령터널에서 돌발적인 사고로 장시간 갇혀 있기도 하였다.

    굵은 힘줄 증기기관차는 아직도 가고 있다
    아버지의 고단함이 어둠 속에 얼룩진
    철길 옆 오막살이집 밤새 기침을 한다

    급수탑은 거룩했네 엄마 가슴 수유하듯
    포성이 추풍령 넘어 그림자로 따라오는
    산마을 등불을 내린 깊고 깊은 그 밤에

    기차 굴뚝을 나온 흑장미의 요정이여
    석탄 몇 삽을 던져 피어나는 솜사탕을
    아이들 고사리손에 하나씩 건네더니

    세월의 강은 그렇듯 철길 따라 흐르고
    기적 소리가 뚫어 놓은 캄캄한 터널을 지나
    백 년은 가야 할 역이 뻐꾹새로 울고 있다
                         - 「아버지의 솜사탕」 전문

중기기관차는 유연탄으로 보일러를 데우며, 발생한 수증기의 압력으로 외연기관에 연결된 동력 장치를 추진한다. 이때 화부火夫는 쉴 새 없이 보일러에 석탄을 던져 넣는다. 검은 연기와 함께 치솟는 하얀 수증기와 기적 소리는 중기기관차 운행의 애틋한 흔적이다.

요즈음의 전기기관차는 사령실에서 모든 위치와 운행 상태를 디지털 영상 데이터로 확인할 수 있지만, 당시에는 출발 후 다음 역 도착 시까지의 운행은 감감무소식이었다. 그땐 기관사가 줄을 잡아당겨서 내던 기적汽笛과 기차 지나는 소리, 검은 연기와 하얀 솜사탕의 흔적뿐이었다.

눈감으면 70여 년이 지난 철도원 아버지의 모습, "굵은 힘줄 중기기관차는 아직도 가고 있다/ 아버지의 고단함이 어둠 속에 얼룩진", 밤새 기침이라도 할 듯한 철길 옆 오막살이집은 가슴속에서 애태우며 남아있는 것. 터널 출입 때마다 철새들 긴 목울음인 양 울어 대던 기적 소리, 터널 지날 때의 매캐한 연기는 고운 추억의 무늬였다.

기관차가 급수탑 앞에 서면 엄마 가슴에서 수유하듯 물을 가득 채워야만 했다. 인민군의 포성砲聲이 무섭게 따라오는 영嶺을 넘어야 했다. 철길 옆 산마을 사람들 모두 피난길에 올랐는지, 아니면 숨어 지새는 밤인지, 온통 등불을 내린 정적뿐이었다.

기차 굴뚝을 빠져나온 불꽃이 흑장미의 요정이라면 얼마나 좋으랴. 석탄 몇 삽을 던져 피어오르는 구름 사탕을 철모르는 아이들은 또 얼마나 좋아할까? 그러나 세월의 강은 녹슨 철길 따라 흘러갔다. 석탄 연기 가득한 터널은 기적 소리가 뚫어 놓았고, 백 년은 더 가야 할 역이 기다리는 곳, 아버지가 가야 할 뻐꾹새 우는 역은 어디쯤일까?

어린 시절 나는 구 안동역 공터에서 세발자전거를 타며 아버지의 증기기관차를 보며 자랐다. 세월은 어느덧 디젤기관차로 바뀌었고, 그동안 아버지는 친척 몇을 철도원이 되게 하였다. 철도 사랑으로 인한 자상한 도제徒弟 방식의 지도는 그치지 않았다.

초등학교 시절엔 남매 셋을 기관실에 태워 영동선(영암선) 통리역에서 내려 인클라인 급경사로 따라 심포리역까지 걸어갔다. 여기서 차를 바꾸어 타고 동해(북평)의 북평해수욕장을 다녀오기도 하였다. 열차는 역을 지날 때마다 운행 허가를 뜻하는 '통표通票'라는 큰 고리를 역장과 기관사가 서로 주고받는다. 전기가 없는 간이역을 통과할 때는 역무원이 흔드는 기름 횃불로 신호를 주고받았다.

아버지의 철도 기관사 30여 년, 근무 때마다 꼭 챙기는 회중시계, 운행 시각표, 기관사 가방, 금테 모자와 랜턴 등이 얼마나 자랑스러웠던 흔적이랴! 그러나 지금은 사진 몇 장 외 아무것도 없다. 홀로그래피가 그리는 허상일 뿐이다.

〈철도원〉의 오토마츠 역장은 철도원 2세였다. 사랑하는 딸 유끼코를 3대 철도원으로 하려던 '시즈에'의 열연熱演은 결국 '나'보다 '철도'가 우선이었고, 이는 호로마이역을 배경으로 이어 갔다. 나 역시 사랑하는 맏딸을 철도원 2세가 되게 하려던 꿈은 벗어나 항공기 승무원이 되었지만 철도원의 DNA는 지울 수 없나 보다.

꿈속에서라도 아버지가 증기기관차를 몰고 첫눈이 내리는 안동역으로 달려왔으면 얼마나 좋을까? "석탄 몇 삽을 던져 피어나는 솜사탕을/ 아이들 고사리손에 하나씩" 건네는 아득한 판타지의 허상을 잊지 못한다.

2. 바람의 언덕을 넘으며

갠지스강이 흐르는 바라나시는 먼 이승의 귀퉁이였다. 아니다, 못난 이승이라도 천국보다도 더 좋다 하였던가? 검은 소 떼 곁에 누워 잠들어도 보다가 꿈속에서 별을 만나며, 사랑의 오작교를 맨발로 넘을 수 있으리. 검은 손이며 얼굴이면 어떠하리, 땀 밴 몸이어도 화사한 별밤은 한밤 내 플라네타륨으로 돌지 않는가?

'바라나시'의 넘치는 인파와 찢어지는 경적 속에서 깡통 구부려 만든 수레며 차들 그리고 검은 소 떼를 밀치며, 목숨이 열 개라도 모자라겠다. 릭샤는 어디든 잘도 달린다. 손때 묻은 인력거도 모두 우리 편이다. 세상 사는 법, 사는 게 이런 것인가?

때로는 수련꽃이 물잠자리를 유혹하거나
버들치 잠결을 깨운 아라비안의 일출 혹은
물새알 훔치다 들킨 동화 속인가 했어

아니었어 안개 잔잔한 홰나무 밑 잠은 깊고
폭풍이 남겨 놓은 검은 눈빛들의 축제장
종속從屬을 달리 한 신들이 떠돌았어 한가히

살아서도 죽어서도 불타는 건 똑같네만
살아 불타는 이는 감춘 몸 여기 와 씻고
떠나도 못 떠난 이는 매운 연기에 휩싸여

수채 물감 붓을 씻던 회색 물통 생각나네
눈 감으면 켄트지에 덧니로 돋는 색상들아
손잡고 함께 잘 가라 긴 침묵의 갠지스
　　　　　　　　　　　　　　 -「새벽 강」 전문

　수련꽃과 물잠자리가 유혹하는 갠지스강이 아니었다. 무심히 그냥 그렇게 우~ 흘러가는 거대한 합창이었다, 누군가 지휘하는 성스러운 몸짓이었다. 검은손들이 모여 장작불 지피는 곳, 기름 연기 흔들리는 메케한 간이역이었다. 그렇네, 이제 항하사恒河沙 먼지로 작별하면 어디로 갈지 몰라. 온종일 퉁퉁 부은 눈빛들아, 너네는 또 어디로 갈 거니?

어린 시절의 미술 시간, 수채 물감 붓을 씻던 작은 물통이 있었지. 더할수록 어두워지는 감산혼합減算混合, 그 잿빛 물이 생각나네. 좋아서 골랐던 색상을 다 묻힌 붓을 여기 와 다시 씻어 보네. 켄트지에 덧니로 돋아 고운 사랑하는 색상들아 잘 가라.

서울에 둥지를 튼 지 한참만이니 산천도 변했으리라. 물길도 정이 들면 고향이라 했던가? 그것은 나를 반기는 삶의 무대이기 때문이다. 새벽 안양천 마라톤 10km를 달리는 길가엔 패랭이꽃이며 갈대꽃, 벚꽃, 튤립꽃이 앞서거니 뒤서거니 하며 눈짓을 보낸다. 그중에서 가장 마음을 흔드는 꽃은 역시 화중지울금향花中之鬱金香인 튤립이다.

> 본시 너는 바람의 언덕 웃자란 그리움이다
> 살굿빛 혹은 순백의 잠 못 드는 안나푸르나
> 가릴 것 있었나 보다 손바닥만큼 그만큼
>
> 안양천 따라온 봄도 발가락이 아픈가 보네
> 이토록 명치끝에 자리를 펴신 그대들
> 세상은 거추장스러운 낭만 당당하게 벗었다
>
> 네덜란드 아니라도 동대문시장 속옷 가게

유전자까지 오려 만든 색상들의 대반란
옥탑방 빨랫줄에서 온 세상을 흔든다
　　　　　　　　　-「튤립 브라자」 전문

　그것은 바람의 언덕이었고 한때 웃자란 그리움이 아니었던가? 살굿빛 혹은 순백의 잠 못 들던 추억은 너무도 거룩한, 그래서 오르지 못한 안나푸르나 쯤은 되었나 보다. 튤립은 그 신비를 보일 듯 보이지 않게 감추고 있으니 더욱 그렇다.
　나는 땀방울로 달리고 있어도 따라온 봄은 지쳐서 여기에 자리를 펼쳤네. 세상은 거추장스러운 낭만이라며 훌훌 다 벗어 던졌으니, 이 넘치는 무한의 자유를 어쩌랴. 지난날 잔세 스칸스에서 만났던 네덜란드의 튤립이 이제는 동대문시장 속옷 가게에 넘치도록 피어 있다. 유전자를 오려 만든 먼셀환 색상들의 대반란이 옥탑방의 빨랫줄에 걸려서 출렁거린다. 튤립 브라자의 특권이 온 세상을 흔들고 있다.

　수년 전의 작심 3개월은 아직도 꿈속이다. 남·서유럽과 아프리카의 모로코, 그리고 발칸반도를 돌아 미국 서부의 머나먼 여정은 누군가 내게 준 고귀한 시詩의 선물이었다.
　그날, 눈앞에 펼쳐진 그랜드캐니언의 끝없는 불립문자 고서를 어떻게 다 읽어 가랴. 이 세상을 있게 한 조물주가 붓으로 써 내려간 사초는 아닐까?

한 번도 마주친 적 없는 불립문자 고서들
마디마디 간빙기는 읽힐 듯 아니 읽히고
단계연 세월을 갈아 적어 갔던 사초史草였다

꿈결인 듯 아닌 듯 인경은 울 만한데
포석은 어림없나 긴 대국對局 장고 끝에
미련의 착점을 찾아 콜로라도가 가신다

돌이 된 연어 떼가 물소리에 잠을 깨면
바람의 제단 위에 또 한 권의 경經을 올려
흑단목 아득한 지평 소실점으로 남았다.

자작나무 숲을 건너는 은물결 숨비소리
아직도 마법에 걸린 겨울왕국의 문을 열고
큰 깃발 울리는 북소리 누구인가 그대는

-「경전經典」 전문

 석양과 마주한 눈 쌓인 협곡 어디쯤 인경은 울 만한데, 굽이굽이 콜로라도강을 누가 포석할 수 있으랴? 거대한 퇴적암 지층과 강은 한판 대국을 두며 미련의 착점을 찾아 장고에 들어간 지 오래다.
 행여 화석이 된 연어 떼가 물소리에 잠을 깨기라도 한다면, 그 바람의 제단 위에 나는 한 권의 경經을 올려 두리. 이곳 눈

덮인 산장에서 머무는 겨울밤은 자작나무 숲을 건너는 바람 소리뿐이다. 아직도 마법에 걸린 겨울왕국의 문을 열고 어디선가 북소리 들릴 것 같다.

기실은 인디언과 맥시칸의 나라, 맥시칸 산상山上의 별밤을 50년 전 전우와 함께 지샌다. 어언 반세기 전 초성리 131 야전공병부대 정보·작전과의 우정은 대양을 넘고 넘는다.

송宋나라 양만리楊萬里는 "문 닫아걸고 시를 짓는 건 옳지 않으니閉門覓句非詩法, 단지 여행만으로도 시는 절로 지어진다只是征行自有詩" 했던가? 모로코의 왕궁 앞에서 포즈를 취해 준, 히잡을 쓴 예쁜 처녀들의 눈빛이 지중해 바다로 반짝인다.

살아온 자취를 뒤돌아보면 참으로 아늑하고 멀기만 하다. 바위에 새겨진 풀빛 이끼의 색상이 아니라, 옷자락에 묻을 것만 같은 흙먼지의 황토가 아니라, 가슴속에 아로새겨진 흑백사진의 잔상 같은 것.

소나무 숲이 춤추듯 구불거리는 통도사의 무풍한송로舞風寒松路를 걸으며, 고명처럼 얹혀살아 온 나의 길을 생각해 보았다. '고명' 하면 생각나는 것이 있다. 어릴 적 어머니께서 만들어 주신 손국수 위에 얹힌 예쁜 색상의 고명, 그처럼 얹혀살아 온 나의 길을 생각해 본다. 새도 산사의 가시나무새는 먹물 옷을 입었을 것 같은데, 들릴 듯 풍경 소리가 산문을 활짝 열어 놓았다. 바람결 흔드는 연화의 미소, 나는 지금 그것을 만나러 간다.

> 처음 북채를 잡은 그이는 누구였을까
> 고명처럼 얹혀산 길 백팔을 걸쳐 입고
> 천 번을 죽비 맞으면 내 안에도 오실까
>
> 찾아 헤맨 그분은 여긴 듯 아니 계시고
> 한세상 처처불이면 화엄은 또 어디쯤인가
> 영축산 가시나무새도 먹물옷을 입었다
>
> 눈감으면 만다라 꽃 별자리로 건너와서
> 추적이던 비는 그치고 탑을 쌓는 벌레 소리
> 들릴 듯 풍경은 이울어 산문 활짝 열었는데
>
> 미리내도 설렜으리 잠 못 이룬 칠석날 밤
> 엄니는 절에 가시고 둥지만 남은 까치집
> 바람결 흔드는 연화의 미소가 보고 싶다.
> ―「화엄을 꿈꾸며 ― 그리운 통도사」전문

1남 2녀의 집안에서 자란 어머니의 고명이었기에 사랑을 독차지하였다. 그런 삶 역시 번뇌의 일부분으로, 마음은 늘 죽비를 맞으며 불성 가까이에 있었다. 발길마다 심심불心心佛

이요 처처불處處佛이면 내가 찾는 화엄은 어디쯤인가? 새도 여기 가시나무새는 가사袈裟를 입었겠지. 눈 감으면 떠오르는 법문은 만다라 꽃으로 피어 밤하늘을 수놓고 있다. 비가 그치면 온갖 벌레 소리가 탑을 쌓고 있는 곳.

그날, "엄니는 절에 가시고 둥지만 남은 까치집"을 보며 "바람결 흔드는 연화의 미소"가 그리운 건 왜일까? 연꽃의 미소여도 좋고, 그 연화 님의 미소여도 좋으리.

사는 건 뭐 그런 것, 더하고 곱하여도 늘 부족이다. 부처님께서 깨달음을 얻은 후 자신과 함께 고행했던 다섯 수행자에게 처음으로 설법을 한 곳, 수년 전 인도의 녹야원Sarnath을 거닐었을 때가 있었다. 그 '사르나트'의 길이 몇만 리를 돌아와 여기 '무풍한송로'까지 이어졌으니, 불성은 참 멀고도 가까운 우리들의 길가에 있나 보다.

"잠을 씻으려 약수를 뜨니, 그릇 속에는 아이 얼굴/ 아저씨~ 하고 부를 듯하여 얼른 마시고 돌아서면/ 뒷전에 있던 동자승이 눈 비비며 인사하고~"

정태춘의 〈탁발승의 새벽 노래〉에 '아이'와 '동자승'이 나오는데, 중생의 굴레를 벗지 못하는 '가족'이라는 본성을 지울 수 없어 우리를 짠하게 한다.

인도차이나반도의 불교 나라 라오스 사람들이 벼농사를 짓는 삶의 현장, 기대가 컸던 고대 왕국의 수도 '루앙프라방'의 여명이 밝아 올 때 탁발의식이 시작되었다.

새벽이면 주황색 가사袈裟를 걸쳐 입고 사원 근처를 맨발로 걸으며 의식을 수행한다. 노스님이 앞장서고 동자 스님이 줄을 이어 걸어가며 먹을 것을 한 줌씩 건네받는다. 이것은 스님들의 하루 양식이며, 남은 것은 어려운 이웃에게 나누어 준단다.

    한동안 잊고 살았던 초록 비가 내린다
    굳어진 기억을 풀었다 다시 감으며
    오르골 빗방울 소리의 먼 방언을 듣는다

    방개며 어름치도 푸른 하늘을 당겨
    더러는 물안개와 바람결이 되었다가
    내 안에 손님으로 와 죽방竹防 안에 갇힌다

    아직도 비는 내린다 그대라는 강 건너
    어깨 기댄 미루나무는 반짝이다 소등하고
    보일 듯 보이지 않는 물속 고무신 한 짝
                           - 「다시 백마강」 전문

    그러니까 지금부터 반백 년의 세월이 지난 선상船上에서, 밤이면 달빛 내린 백마강 물소리를 들으러 다시 왔다. 한동안 잊고 살았던 초록 비를 맞으며 굳어진 기억의 태엽을 풀었다 다시 감는다. '물방울'의 화가 김창열은 아니어도, 내게는 오르골 소리가 물방울로 그려진다.

　더러는 물안개와 바람결이 되었다가, 아득히 내게 손님으로 와 죽방 안에 갇힌 그댄 누구신가? 어깨 기댄 미루나무는 반짝이다 소등하였고, 보일 듯 보이지 않는 물속 고무신 한 짝이 빛바랜 수채화로 남아 있다.

　시詩는 뭐 그런 것, 인생도 살다 보면 그런 것, 더하고 곱하여 보아도 결국 원죄만 같은 뺄셈이다. 삼세번의 시집을 비롯한 전자 시집과 오디오 시집을 내었고, 어쩌면 마지막일지 모를 『아버지의 솜사탕』이 내 인생의 과녁 어디쯤에 닿을까. 허공 속에 묻혀 갈 긴 꿈의 연필 한 자루일까?
　죽도록 사랑하는 이들, 죽어도 사랑해야 할 이들께, 절반으로 잘린 브로치를 선물로 바치려 한다.